AF463675

PRÉFACE

La situation de la France est très-grave. Qui pourrait dire les châtiments qui pèsent sur nous? La sécheresse a brûlé nos récoltes; la guerre, déclarée avec une légèreté impardonnable à des ennemis quatre fois plus nombreux que nous et beaucoup mieux disciplinés, a rempli la patrie de ruines; la chute de l'empire a été suivie d'un siége sans exemple. On a vu la France, sans gouvernement régulier, obéir aveuglément à un dictateur justement nommé ministre de l'incapacité. Nous avons eu un hiver dont les rigueurs rappelaient les désastres de Russie, des maladies contagieuses qui décimaient les hommes et les

PIE IX

ET

LES SECRETS DE LA SALETTE

CONCORDANCE ENTRE LA PROPHÉTIE D'ORVAL
ET LES LETTRES DE MÉLANIE

SUR LES ÉVÉNEMENTS ACTUELS

PAR LE R. P. HUGUET

*Eh bien ! mes enfants, vous le ferez passer
à tout mon peuple.*
(PAROLES DE MARIE AUX BERGERS.)

LYON
L. GAUTHIER, LIBRAIRE-ÉDITEUR,
26, RUE MERCIÈRE, 26
ET CHEZ LES PRINCIPAUX LIBRAIRES

1871

PIE IX

ET

LES SECRETS DE LA SALETTE

OUVRAGES DU R. P. HUGUET

L'ESPRIT DE PIE IX, ou les beaux traits de la vie de ce grand Pape, 3e édition augmentée. 1 beau vol. in-12, de 600 pages. Prix (*franco*). . . . . 2 fr. 50

La presse religieuse, en France et à l'Étranger, a fait l'éloge de cet ouvrage, dont on a déjà fait quatre traductions.

L'auteur a écrit son livre en partie pendant son séjour à Rome, il a donc pu avoir les renseignements les plus sûrs et les plus détaillés sur le Saint-Père et sur les graves événements qui doivent précéder le triomphe de l'Église.

C'est mériter une protection spéciale de la Providence que de répandre les ouvrages destinés à faire connaître le Pape de Marie.

J'ai la confiance invincible, dit le P. Faber, *que tous ceux qui auront particulièrement aimé le Pape qui a défini le dogme de l'Immaculée-Conception de Marie seront bien accueillis dans le ciel.*

FAITS SURNATURELS DE LA VIE DE PIE IX, 1 vol in-18, 3e édition augmentée. *Franco* . . . . 60 c.

Dix mille exemplaires écoulés en peu de temps sont la preuve la plus évidente que ce volume, puisé aux sources les plus authentiques pendant le séjour de l'auteur à Rome, répond à un besoin. On y trouve les prophéties authentiques qui annonçaient longtemps d'avance l'avénement de Pie IX et les principaux faits de son règne : la définition de l'Immaculée-Conception, le Concile œcuménique, etc., etc.; les guérisons et conversions *merveilleuses* opérées par les prières de ce saint Pontife; les châtiments éclatants des ennemis du Pape; les victimes qui se sont offertes volontairement pour l'Église; enfin les prophéties concernant le triomphe appelé par tant de vœux.

TERRIBLES CHATIMENTS DES RÉVOLUTIONNAIRES, ennemis de l'Église, depuis 1789 jusqu'en 1870, 1 vol. in-12 de 550 pages. 2e édition augmentée. . . . . 3 fr.

LYON. — IMP. PITRAT AINÉ, RUE GENTIL, 4.

PIE IX

ET

LES SECRETS DE LA SALETTE

CONCORDANCE ENTRE LA PROPHÉTIE D'ORVAL
ET LES LETTRES DE MÉLANIE

SUR LES ÉVÉNEMENTS ACTUELS

PAR LE R. P. HUGUET

*Eh bien! mes enfants, vous le ferez passer
à tout mon peuple.*
(PAROLES DE MARIE AUX BERGERS)

LYON
L. GAUTHIER, LIBRAIRE-ÉDITEUR,
26, RUE MERCIÈRE, 26
ET CHEZ LES PRINCIPAUX LIBRAIRES

1871

animaux ; la guerre civile, qui a ensanglanté Paris, Lyon, Marseille, etc. et qui menace de s'étendre [1]. Presque tous les environs de la capitale sont détruits. La métropole de la civilisation *moderne* est au pouvoir, depuis deux mois, de nouveaux barbares, qui la ruinent.

Et ce qu'il y a de plus triste et de plus effrayant, c'est qu'au lieu d'imiter les Ninivites, qui, à la voix de Jonas, *s'humilièrent dans la cendre et dans le cilice,* les coupables ne font que s'enhardir contre le Ciel et multiplier leurs blasphèmes. En voyant cet endurcissement, on se rappelle ces paroles de l'Apocalypse :

« Les Anges épanchèrent de leurs coupes des fléaux et des fléaux ; car les hommes furent transportés de colère, et ils blasphémèrent le nom du Seigneur Tout-Puissant qui produisait lui-même ces plaies ; et quoique tourmentés par les douleurs et les plus cuisantes blessures, ils ne firent point

[1] Pour se dédommager des frayeurs causées par la guerre civile qui a fait tant de victimes, on a vu, dès le lendemain, s'étaler sur les murs de Lyon, des affiches de pièces de théâtre contre Pie IX et les Jésuites.

pénitence, et ne glorifièrent point le Très-Haut en rentrant en eux-mêmes. » (APOC., XVI, 9 et 11.)

« Un peuple qui s'amuse comme un enfant, pendant que le tonnerre de la justice divine gronde contre lui, disait l'autre jour un homme en pleine Bourse de Marseille, c'est un peuple mort! Sa sotte hilarité annonce sa ruine, comme l'éclair la foudre. »

L'Unità catolicà disait, dans un de ses derniers numéros :

« Si on a vu des hérétiques prier, dans les malheurs de la patrie, que ne devrait pas faire la fille aînée du catholicisme? Ne serait-ce point un bel exemple si, pendant que Paris, s'étudie par tous les moyens à offenser Dieu, toute la France se réunissait un beau jour pour l'apaiser? Si, quand Pie IX est crucifié sur le Vatican, la France, comme le bon larron, crucifiée elle aussi par les révoltés, disait tout haut avec sincérité : « Je souffre la punition que j'ai méritée, mais ce « grand Pontife, quel mal a-t-il fait? *Hic autem* « *quid mali fecit?* »

« Nous commencerons à croire au prochain relèvement de la France, quand nous la verrons repentante et tout entière à genoux aux pieds des autels. Outre les grâces singulières qu'une pareille démonstration religieuse attirerait sur ce malheureux peuple, il en sortirait un très-grand avantage, même au point de vue politique. Dans ce repentir commun, les discordes cesseraient, et les fils des croisés se remettraient à accomplir les *gestes de Dieu* . »

Nous ne savons pas quel est l'avenir qui nous attend, ni au sein de quelle tempête nous pouvons, au premier jour, nous réveiller. Dieu peut laisser faire les méchants, et alors ce sera une persécution effroyable contre ses autels et tous ses serviteurs. Et l'on a d'autant plus à craindre prochainement un tel malheur que, « de plus en plus, le sol tremble et que le ciel se couvre de plus épaisses ténèbres. »

Des voix autorisées annoncent que les terribles châtiments renfermés dans les secrets de la Salette s'accomplissent en ce moment.

Mgr Déchamps, archevêque de Malines, un des doctes et pieux prélats qui ont rendu le plus de services au Concile du Vatican, après avoir béni, le 28 janvier 1871, un groupe de l'Apparition dans la chapelle des Récollets à Malines, a recommandé la dévotion à Notre-Dame de la Salette. Sa Grandeur a adressé quelques paroles à l'assistance, disant qu'il avait été lui-même pèlerin de la Salette et avait vu les lieux où la Sainte Vierge est apparue aux deux petits bergers; qu'il avait connu l'évêque qui avait prononcé sur ce fait merveilleux un jugement canonique, lequel avait été suivi de la promulgation de plusieurs décrets d'indulgences accordées par le Souverain Pontife à cette dévotion nouvelle. Il ajouta que le recours à Notre-Dame de la Salette se *trouve spécialement motivé de nos jours, puisque l'on voit se réaliser les malheurs qu'Elle avait annoncés au monde, et que les calamités que nous avons sous les yeux dépassent tout ce qu'on avait prévu.* Monseigneur a vivement engagé l'assistance à la prière, exhortant les fidèles à recourir à Celle qui fut toujours par excellence la *Mère de misé-*

ricorde, et à l'invoquer pour les peuples et pour ceux qui gouvernent pour leur patrie et pour eux-mêmes. Cette patrie, jusqu'ici préservée des fléaux qui accablent en ce moment d'autres nations, mais qui, malgré le bien qui s'y fait, ayant néanmoins beaucoup de fautes à se reprocher, a besoin *de la prière* pour continuer à jouir de sa situation privilégiée.

En la fête de Notre-Dame des Miracles,
le Dimanche 14 mai 1871.

PIE IX

ET

LES SECRETS DE LA SALETTE

I

HISTORIQUE DE LA PROPHÉTIE D'ORVAL

La prophétie d'Orval est certainement une de celles qui occupent le plus l'opinion dans la crise que nous subissons. Voilà pourquoi, avant de parler des secrets de la Salette, il nous a semblé opportun de la rappeler ici afin de montrer les rapports qui existent entre ces deux prédictions extraordinaires [1].

[1] Ce chapitre si remarquable est extrait de la 99e livraison de l'*Invariable* ou *Nouveau Mémorial Catholique*, qui paraissait à Fribourg en Suisse, avec l'approbation de l'autorité ecclésiastique. Nous citons textuellement ces pages, détachées de la livraison du 8 juillet 1839.

Les événements qui se sont accomplis depuis cette époque et les désastres inouis dont nous sommes les tristes témoins donnent à ces documents une importance qui n'échappera à personne.

Nous ajouterons quelques notes aux notes anciennes pour

Voici, en peu de mots, l'historique de cette prophétie, tel que le donne le *Journal des Villes et des Campagnes*, avec quelques renseignements sur son authenticité :

« Cette prophétie, que nous avons publiée les premiers dans notre numéro du 20 juin, et que plusieurs journaux ont reproduite, a excité parmi nos lecteurs une très-vive sensation. Quelques-uns, frappés des événements qu'elle annonce, nous ont demandé des renseignements sur son authenticité. Voici ceux que nous pouvons leur fournir. Ils sont extraits d'une lettre affirmative, écrite par le plus noble et le plus consciencieux savant de la province de Lorraine.

« L'abbaye d'Orval, de l'ordre de Cîteaux, est située dans le diocèse de Trèves, frontière du Luxembourg. (Il existe un ouvrage des mieux écrits, intitulé : *Les saintes Montagnes et Collines d'Orval et de Clairvaux*, par André Vuliadier, abbé de Saint-Arnould, de Metz. Luxembourg, 1629, in-4.)

« Lorsque les Français révolutionnaires vinrent faire le blocus de Luxembourg, où commandait le maréchal de Bender, et où s'étaient réfugiés un grand nombre d'émigrés lorrains, l'abbé d'Orval et ses moines arrivèrent dans la place avec leurs vases sacrés, leurs ornements les plus précieux et une partie de leurs archives, qu'ils apportèrent dans leur *refuge*. (On appelait ainsi

montrer d'une manière plus évidente encore, les rapports entre les événements accomplis sous nos yeux et les paroles de la prophétie.

les maisons que les monastères des environs possédaient à Luxembourg, en cas de siége.)

« Au bout de quelques jours, l'Abbé, en mettant en ordre les papiers qu'il avait sauvés, trouva les *Prévisions d'un solitaire*, imprimées en 1544, et attribuées à un moine appelé Philippe Olivarius. Il l'apporta au maréchal de Bender qui, dit-on, en rit beaucoup. Mais les Français de distinction qui se trouvaient dans son salon en prirent des copies qui se répandirent dans toute la ville et au delà.

« La mort de Louis XVI, si bien annoncée dans ces prévisions, leur donna une vogue extraordinaire. Madame la comtesse Adèle de Ficquelmont, chanoinesse de Porchais, en émigration avec son père, en entendit lire des copies chez le comte de la Tour, son oncle (depuis ministre de la guerre à Vienne). Elle épousa, à son retour en France, le comte de Monthureux-Ficquelmont.

« M. le baron de M..., ex-colonel au service d'Autriche, alors en garnison à Luxembourg, en a entendu parler à la même époque, vers 1792. La comtesse Alexandrine de Raigecourt, chanoinesse de Saint-Louis, à Metz, affirme l'avoir entendu lire à son Chapitre, *lors de l'émigration*. Un chevalier de Saint-Louis, M. D..., de Nancy, en possède une copie prise sur celle que sa mère eut à Luxembourg, à la même époque.

« Enfin, une vieille religieuse, qui existe à Frouard près de Nancy, prétend en posséder une autre qui date de ce temps. En dernier lieu, voici l'extrait d'une lettre, adressée le 4 novembre 1831, à M. de la S..., de Nancy, chevalier de Saint-Louis, par M. l'abbé Mansuy, grand-vicaire de l'évêché de Verdun : « La prévision « d'Orval me fut communiquée par un prêtre bien res- « pectable, qui l'avait vue, à *Orval*, *au moment de la* « *Révolution*, et étant encore laïque. »

« Toutes les personnes dont je parle sont dignes de foi. » (*Journal des Villes et des Campagnes* du 18 juillet 1839. 25e année, no 100.)

Cette notice confirme une partie des faits que nous connaissions antérieurement, et particulièrement ce qui nous avait été dit, que cette prédiction, écrite en 1544, annonçait les événements *depuis cette époque*, mais que lorsqu'elle fut retrouvée au commencement de la Révolution, la plupart des copistes eurent la malencontreuse négligence d'omettre la partie *déjà accomplie alors*, se contentant de transcrire seulement la partie *qui restait à accomplir*. C'est ce que prouve cette phrase de la notice : « La mort de Louis XVI, *si bien annoncée* dans « ces prévisions, etc. ; » or, il n'en est question dans aucune des copies parvenues jusqu'à nous, et toutes commencent au *jeune homme venu d'Outremer* (Bonaparte), et à son expédition dans *la terre de captivité* (l'Égypte).

II

PROPHÉTIE D'ORVAL

« En ce temps-là, un jeune homme venu d'Outremer dans le pays du Celte Gaulois, se manifestera par conseils de force; mais les grands qu'il ombragera l'enverront guerroyer dans la terre de la captivité. La victoire le ramènera au pays premier. Les fils de Brutus moult stupides seront à son approche, car il les dominera et prendra nom Empereur. Moult hauts et puissants rois seront en crainte vraie, et son Aigle enlèvera moult sceptres et moult couronnes; piétons et cavaliers portant aigle et sang, autant que de moucherons dans les airs, courront avec lui dans toute l'Europe, qui sera moult ébahie et moult sanglante. Il sera tant fort, que Dieu sera cru guerroyer d'avec lui. L'Église de Dieu moult désolée se consolera tant peu, en voyant ouvrir encore les temples à ses brebis tout plein égarées; et Dieu sera béni.

« Mais c'est fait; les lunes sont passées [1]; le vieillard de Sion [2] maltraité criera à Dieu, et voilà que le puis-

[1] Il est probable que dans la première partie de la prophétie, omise par les copistes, il avait été déjà parlé de ces *lunes*, et que peut-être leur nombre avait été indiqué.

[2] Le Souverain Pontife.

sant sera aveuglé pour péchés et crimes. Il quittera la grande ville avec une armée si belle, que aucune fut jamais si pareille; mais oncques guerryer ne tiendra bon devant la face du temps, la tierce part et encore la tierce part de son armée périra par le froid du Seigneur puissant.

« Alors deux lustres seront passés depuis le siècle de la désolation; les veuves et les orphelins crieront à Dieu, et voilà que les hauts abaissés reprendront force; ils s'uniront pour abattre l'homme tant redouté.

« Voici venir, avec maints guerryers, le vieux sang des siècles [1], qui reprendra place et lieu en la grande ville. Alors l'homme tant redouté s'en ira tout abaissé dans le pays d'Outremer d'où il était advenu.

« Dieu seul est grand! La lune onzième n'aura pas encore relui, et le fouet sanguinolent du Seigneur reviendra en la grande ville; le vieux sang quittera la grande ville.

« Dieu seul est grand! Il aime son peuple et a le sang en haine. La cinquième lune reluira sur maints et maints guerryers d'Orient; la Gaule est couverte d'hommes et de machines de guerre; c'est fait de l'homme de mer; voici venir encore le vieux sang de l'homme de Cap [2].

« Dieu veut la paix et que son nom soit béni. Or, paix grande sera dans le pays du Celte Gaulois; la Fleur blanche sera en honneur moult grand; les maisons de Dieu ouïront moult saints cantiques. Mais les fils de Brutus, haïssent la Fleur blanche, obtiennent règlements puissants

1 Les Bourbons.

2 *Cap*, racine du mot *Capet*.

dont Dieu est moult encore fâché à cause des siens ; le grand jour est encore moult profané. Ce pourtant Dieu veut éprouver le retour par dix-huit fois dix lunes.

« Dieu seul est grand ! Il purge son peuple par mainte tribulation ; mais toujours les mauvais auront fin. En ce temps-là, une grande conspiration contre la Fleur blanche cheminera dans l'ombre par mains de compagnies maudites ; et le pauvre vieux sang quittera la grande ville, et moult gaudiront les fils de Brutus. Les serviteurs de Dieu crieront tout plein à Dieu ; mais Dieu pour ce jour-là sera sourd, parce qu'il retrempera ses flèches pour bientôt les mettre au sein des mauvais.

« Malheur au Celte Gaulois ! le Coq effacera la Fleur blanche, et un grand s'appellera *roi du peuple* ; grande commotion se fera sentir chez les gens, parce que la couronne sera placée par mains d'ouvriers qui auront guerroyé dans la grande ville.

« Dieu seul est grand ! Le règne des méchants sera vu croître ; mais qu'ils se hâtent ! Voilà que les pensées du Celte Gaulois se choquent, et que grande division est dans leur entendement. Le roi du peuple assis sera vu en abord moult faible, et pourtant contre ira bien des méchants. Mais il n'était pas bien assis, et voilà que Dieu le jette bas.

« Hurlez, fils de Brutus, appelez par vos cris les bêtes qui vont vous manger. Dieu grand ! quel bruit d'armes ! il n'y a pas encore un nombre plein de lunes [1], et voici venir maints guerryers.

[1] Quelques personnes pensent que ces mots : *un nombre plein de lunes,* signifient *une année* ; mais ce n'est peut-être qu'une

« C'est fait ; la montagne de Dieu désolée a crié à Dieu ; les fils de Juda [1] ont crié à Dieu de la terre étrangère ; et voilà que Dieu n'est plus sourd. Quel feu va avec ses flèches ? Dix fois six lunes et pas encore dix fois six lunes ont nourri sa colère. Malheur à toi ! grande ville ! voici dix rois armés par le Seigneur ; mais déjà le feu t'a égalée à la terre. Pourtant tes justes ne périront pas : Dieu les a écoutés [2].

« La place du crime est purgée par le feu ; le grand ruisseau a conduit ses eaux toutes rouges de sang ; la Gaule, vue comme délabrée, va se rejoindre.

« Dieu aime la paix. Venez, jeune prince, quittez l'île de la captivité ; joignez le Lion à la Fleur blanche. Ce

conjecture. La partie qui manque de la prophétie, où pareille locution se trouvait peut-être employée déjà pour des événements accomplis, aurait éclairci ce passage.

1 C'est-à-dire la famille royale, qui chez les Hébreux, était de la tribu de Juda.

2 Ne dirait-on pas que ce verset est comme l'historique de la guerre affreuse qui est à peine terminée, et pour laquelle les princes d'Allemagne se sont coalisés contre nous.

Tous les interprètes ont reconnu Paris dans cette grande ville coupable, menacée des plus horribles calamités. Tous les jours les feuilles publiques nous racontent avec détail tout ce que les incendiaires qui s'en sont rendu maîtres, organisent pour la brûler ou la faire sauter !..

Comme ces paroles : *Et pourtant les justes ne périront pas*, sont de nature à faire impression. Depuis plus de deux mois que les démagogues de tous les pays se sont emparés de Paris, ils ne sont pour ainsi dire occupés qu'à chasser les prêtres, les religieux et les religieuses. On dirait qu'ils font, sans s'en douter, l'office de l'Ange qui prit Loth par le bras afin de l'arracher à Sodome avant que cette ville infâme fut dévorée par le feu du ciel. *(Note de l'Auteur.)*

qui est prévu, Dieu le veut. Le vieux sang des siècles terminera encore longues divisions. Lors un seul Pasteur sera vue dans la Celte Gaule; l'homme puissant par Dieu s'assiéra bien; moult sages règlements appeleront la paix; Dieu sera cru guerroyer d'avec lui, tant prudent et sage sera le rejeton de la Cap.

« Grâce au Père de la miséricorde! La sainte Sion rechante dans les temples un seul Dieu grand; moult brebis égarées s'en viendront boire au vrai ruisseau vif; trois princes et rois mettront bas le manteau de l'erreur et verront clair en la foi de Dieu; un grand peuple de la mer reprendra vraie croyance en deux tierces parts[1]. Dieu est encore béni pendant quatorze fois six lunes et six fois treize lunes.

« Dieu seul est grand! Les biens sont faits; les saints vont souffrir. L'homme du mal arrive de deux sangs; il prend croissance; la Fleur blanche s'obscurcit pendant dix fois six lunes et six fois vingt lunes, et disparaît pour ne plus paraître.

« Moult de mal, peu de bien seront en ce temps-là; moult grandes villes périront. Israël viendra à Dieu Christ de tout de bon; sectes maudites et fidèles seront en deux parties bien marquées. C'est fait; Dieu seul sera cru; et la tierce part de la Gaule, et encore la tierce part et demie n'aura plus de croyance, comme aussi les autres gens. Et voilà déjà six fois trois lunes et quatre fois cinq

1 Il est bien remarquable, qu'en 1544, on ait annoncé la conversion des *deux tiers* de l'empire britannique, c'est-à-dire de l'Angleterre et de l'Écosse: pouvait-on mieux prédire que l'*autre tiers*, c'est-à-dire l'Irlande, resterait à la foi catholique.

lunes qui sont séparées, et le siècle de fin a commencé après le nombre non fait de ces lunes.

« Dieu combat par ses deux justes, et l'homme du mal a le dessus. Mais c'est fait : le haut Dieu met un mur de feu qui obscurcit mon entendement, et je n'y vois plus. Qu'il soit béni à jamais. Amen. Ainsi soit-il. »

Nous ne nous arrêterons pas à commenter ici la pièce qu'on vient de lire, ni à démontrer combien les faits prédits et déjà accomplis donnent d'importance à l'annonce des faits qui restent à accomplir ; nous savons que notre opinion personnelle n'est d'aucun poids en ces matières, où chacun reste libre de rejeter ou d'adopter, sans que personne puisse imposer à autrui son sentiment et sa croyance. Mais, sans avoir recours aux prévisions surnaturelles, et ne considérant que la marche ordinaire et les conséquences logiques des faits qui frappent nos yeux, nous répéterons ce que nous disions plus haut, c'est-à-dire que la situation actuelle de la France, l'état et la force respective des partis qui y dominent, et les intérêts, même matériels, qui doivent bientôt faire sortir l'Europe de sa neutralité, nous annoncent, toute prophétie à part, une lutte prochaine, terrible, décisive, dans laquelle la Révolution, ayant accompli la mission qu'elle avait reçue, d'abord d'humilier l'Europe par la France, puis la France par l'Europe et, en dernier lieu, par la Prusse, sera brisée comme un instrument de colère devenu inutile au jour de la miséricorde, et replongée dans le néant, tombeau de tout mensonge et de tout mal. Considérées sous ce point de vue, les prévisions purement humaines concourent donc à nous faire entrevoir et attendre l'accomplissement de ce que Dieu a pu nous faire annoncer par d'autres voies.

Que les justes ne se laissent donc point abattre par *le vent de la tribulation;* qu'ils ne craignent pas aujourd'hui *le souffle de la colère* qui menace les éternels ennemis de l'ordre d'un châtiment qui suivra de près leur dernier triomphe ! Loin de là, que leur confiance soit sans bornes; car déjà se préparent visiblement les moyens qui doivent amener leur salut. Et quand même ils verraient la France réduite au dernier degré de l'humiliation, inévitable châtiment de son orgueil, et le seul moyen peut-être de l'exciter au repentir; quand même ils la verraient toucher à la servitude et à l'anéantissement ; qu'ils espèrent encore, ou plutôt qu'ils espèrent à cause même de sa misère profonde ; car pour se relever un jour glorieuse, il faut qu'elle soit abaissée, reconnaisse et adore la main qui l'abaisse. Mais alors aussi d'admirables destinées l'attendent ; et replacée à la tête des nations, elle retrouvera sa grandeur première en secondant *cet événement immense dans l'ordre divin*, qui sera l'exaltation de l'Église, la justification de sa sagesse, la propagation de sa foi et le triomphe de sa puissance, dit Joseph de Maistre.

III

LETTRE DE MÉLANIE (SŒUR MARIE DE LA CROIX)

Nous ne raconterons pas ici l'apparition de la Très-Sainte Vierge, sur la montagne de la Salette, le 19 septembre 1846, à deux petits bergers, Maximin Giraud et Mélanie Mathieu. Aucun catholique n'ignore aujourd'hui les détails de cette manifestation miséricordieuse de la Mère de la divine grâce.

Ce fait, on le sait, a rencontré d'abord une grande opposition, en rapport avec son importance.

Nous avons toujours pensé que la réalisation des secrets confiés aux enfants par la Très-Sainte Vierge deviendrait la preuve la plus éclatante de la vérité de cet événement surnaturel.

Or, comme on va le voir, dans les lettres suivantes, Mélanie nous déclare qu'il y a vingt-quatre ans qu'elle savait que cette guerre affreuse de l'Allemagne contre la France devait avoir lieu, et cependant, à cette époque, pauvre petite bergère, ignorant s'il existait un royaume allemand, comment, sans une révélation spéciale, aurait-elle pu savoir que la France serait *délabrée* (expression de la prophétie d'Orval) par la guerre qui a mis notre patrie à deux doigts de sa perte.

Elle ajoute : *Il y a vingt-deux ans que je disais que Napoléon était un fourbe, qu'il ruinait notre pauvre France.* Et cependant, il faut l'avouer, peu de catholiques dans ce moment-là jugeaient aussi sévèrement Louis-Napoléon qui, affectant des allures religieuses, se présentait comme le restaurateur de l'ordre et l'empereur de la paix : *L'Empire, c'est la paix.* Quant au mal qu'il a fait, nous le résumerons en quelques lignes, après avoir rapporté les lettres de Mélanie.

L'auguste Pie IX est le seul qui sache les deux secrets de Notre-Dame de la Salette, car chacun des jeunes bergers ne connaît que le sien. Toutefois, on a des données suffisantes pour savoir que le secret confié à Maximin renferme des promesses consolantes, tandis que celui de Mélanie est plein de menaces. Et voilà pourquoi, sans doute, elle vit dans les larmes et dans les angoisses.

Dans un pèlerinage que nous avons fait à la Salette, en 1858, nous avons causé longtemps avec un prêtre, confesseur alors de Mélanie, et qui était dans la chambre où la jeune bergère écrivit son secret, quand on voulut le porter à Pie IX. Or, ce digne ecclésiastique nous a dit que Mélanie, très-embarassée, lui demanda comment on écrivait le mot *souillé*. Le prêtre lui répondit : « Cela dépend de la signification que vous voulez donner à ce mot ; ainsi *soulier*, pour désigner une chaussure, s'écrit d'une manière ; *souillé*, adjectif, s'écrit autrement. Alors, Mélanie ajouta qu'elle voulait mettre *ville souillée ;* et, en disant ces mots, elle poussa de profonds soupirs en répétant : *C'est effrayant !!!*

On lira plus bas la lettre de la jeune bergère, devenue depuis plusieurs années une fervente Carmélite, en parlant de Paris, elle dit avec un accent émue : « *Paris est bien coupable, bien coupable*... Et plus bas : *Paris, ce foyer de la vanité et de l'orgueil*, QUI LA TROUVERA *cette ville, si des prières ferventes et continuelles ne montent vers Dieu ?* On a beaucoup remarqué cet expression biblique *qui la trouvera*, c'est-à-dire, Paris est tellement menacé de la colère divine que s'il ne se convertit pas, on aura de la peine à le *trouver* plus tard, car, comme dit la prophétie d'Orval : *Le feu l'a égalé à la terre.*

PREMIÈRE LETTRE[1]

11 septembre 1870.

Ma bien chère et bien-aimée mère,

Que Jésus soit aimé de tous les cœurs !

Cette lettre est non-seulement pour vous, mais aussi pour tous les habitants de Corps, mon bien cher pays.

1 Aucun catholique n'a oublié le nom de Mélanie Mathieu, la bergère qui fut favorisée, avec Maximin Giraud, de l'appa-

Un père de famille, très-amoureux de ses enfants et voyant qu'ils oubliaient leurs devoirs, qu'ils s'écartaient de la loi qu'il leur avait donnée, qu'ils devenaient ingrats, résolut de les punir sévèrement. L'Épouse du père de famille demanda grâce, et en même temps elle se rendit auprès des plus jeunes enfants du père de famille, c'est-à-dire des deux plus faibles, les plus ignorants de toute la famille. L'Épouse, qui ne peut pas pleurer dans la maison de son époux (qui est le Ciel), trouva dans les champs de ses misérables enfants des larmes en abondance ; elle dit ses plaintes et ses menaces si on ne revient pas, si on n'observe pas la loi du Maître. Le petit et bien petit nombre embrasse la réforme du cœur et s'attache à l'observance de la sainte loi du père de famille ; mais le plus grand nombre reste dans le crime et s'y enfonce encore plus. Alors le père de famille envoie des châtiments pour les faire revenir de cet endurcissement. Ces malheureux enfants, croyant se soustraire au châtiment, prennent et rompent la verge qui les frappe, au lieu de tomber à genoux, demandant grâce et miséricorde, et surtout promettant de changer de vie. Enfin, le père de famille est encore plus irrité, et prend une verge plus forte, et frappe, et frappera jusqu'à ce qu'on le re-

rition de la Sainte Vierge, le 19 septembre 1846, sur la montagne de la Salette. Elle est maintenant âgée d'environ 35 ans et vit retirée dans une communauté religieuse, à Castellamare, ville et port de Sicile.

Voici deux lettres écrites à deux dates différentes et qui se rapportent aux événements actuels ; l'authenticité n'en est pas douteuse. (*Univers.*)

connaisse, qu'on s'humilie, qu'on implore miséricorde auprès de Celui qui règne sur la terre et dans les cieux.

Vous l'avez compris, chère mère et chers habitants de Corps, ce père de famille, c'est Dieu. Nous sommes tous ses enfants. Ni vous, ni moi ne l'avons aimé comme nous l'aurions dû ; nous n'avons pas observé ses commandements comme il le faut ; maintenant le bon Dieu nous punit. Nous avons un grand nombre de nos frères soldats qui meurent, un grand nombre de familles et des villes entières réduites à la misère ; et ce n'est point fini, si on ne se tourne pas vers Dieu. *Paris est bien coupable, bien coupable*, puisqu'il a récompensé un méchant homme qui a écrit un livre contre la divinité de Jésus-Christ. Les hommes n'ont qu'un temps pour se livrer au péché, mais Dieu qui est éternel châtie les méchants. Dieu est irrité par la multiplicité des péchés et parce qu'il est presque méconnu et oublié. Maintenant, qui pourra arrêter la guerre qui fait tant et tant de malheureux en France, et qui va bientôt commencer en Italie, etc., etc... ? Qui pourra arrêter ce fléau de la guerre ?

Il faut :

1° Que la France reconnaisse dans cette guerre, que c'est *purement la main de Dieu ;*

2° Qu'elle s'humilie et demande de cœur et d'âme pardon de ses péchés ;

3° Il faut qu'elle promette sincèrement de servir le bon Dieu de cœur et d'âme, et d'observer ses commandements sans respect humain. Il y a des personnes qui prient et demandent au bon Dieu le succès de nos Français. Ce n'est pas cela que le bon Dieu veut ; il veut la conversion des Français. La Très-Sainte Vierge est venue en France, la France ne s'est point convertie. Elle est plus coupable que les autres nations. Si elle ne s'humilie pas devant le bon Dieu, elle sera grandement humiliée, et Paris, ce foyer de la vanité et de l'orgueil, qui *la trouvera, cette ville*, si des prières ferventes et continuelles ne montent vers le cœur du bon Maître.

Je me rappelle avec bonheur, bien chère mère et bien-aimés habitants de mon pays, je me rappelle ces ferventes processions que vous faisiez sur la sainte montagne de la Salette, pour que le choléra n'atteignît pas votre pays ; la Très-Sainte Vierge entendit vos ardentes prières, vos pénitences et tout ce que vous faisiez pour l'amour de Dieu. Je pense, j'espère que, maintenant encore plus, vous devez faire vos si belles processions pour le salut de la France, je veux dire afin que la France se retourne vers le bon Dieu, car il n'attend que cela pour retirer la verge dont il se sert pour flageller son peuple rebelle. Prions, prions donc beaucoup, oui prions ; faites vos processions comme vous les faisiez en 1846 et 1847. Croyez que Dieu vous écoutera ; il écoute toujours les prières sincères des cœurs humbles. Prions ensemble et prions toujours.

Je n'ai jamais aimé Napoléon, parce que j'ai dans ma mémoire son histoire entière. Puisse le divin Sauveur du monde lui pardonner tout le mal qu'il a fait et qu'il fait encore !

Rappelons-nous que nous sommes créés pour aimer et servir le bon Dieu, et que, sans cela, il n'y aurait pas de vrai bonheur. Que les mères élèvent chrétiennement leurs enfants, car le temps des tribulations n'est pas encore fini. Si je vous en dévoilais le nombre et les qualités, vous en resteriez étourdis, mais je ne veux pas vous effrayer. Ayez confiance en Dieu qui vous aime. Prions, prions, et la douce, la bonne et tendre Vierge Marie sera toujours avec nous ; la prière désarme la colère de Dieu, la prière est la clef du paradis. Prions pour nos pauvres soldats, prions pour tant de mères désolées de la perte de leurs fils. Consacrons-nous à notre bonne Mère du Ciel. Prions, prions pour ces aveugles qui ne voient pas que c'est la main de Dieu qui poursuit la France dans ce moment. Prions beaucoup et faisons pénitence. Soyons tous très-attachés à la Très-Sainte Vierge et au Saint-Père qui est le Chef visible et le Vicaire de Notre-Seigneur Jésus-Christ sur la terre ; dans vos processions, dans vos pénitences ; priez beaucoup lui.

Enfin, soyez tous en paix, aimez-vous comme des frères, promettant à Dieu que vous observerez ses commandements ; et observez-les en vérité, et, par la miséricorde divine, vous serez heureux, vous ferez une bonne et sainte mort, que je vous souhaite en vous mettant sous la protection de la Très-Sainte Vierge.

MARIE DE LA CROIX, *victime de Jésus.*

DEUXIÈME LETTRE

Castellamare, 28 novembre 1870.

Ma bien chère mère,

Que Jésus soit aimé de tous les cœurs !

J'ai reçu votre bonne lettre, je suis très-peinée si le mari de Julie part pour la guerre. Que faire ? Il faut se soumettre à la volonté de Dieu et faire tous les sacrifices qu'il nous impose en esprit d'expiation.

Devant le bon Dieu nous sommes tous coupables, qui d'une manière, qui de l'autre. Vous me dites que je suis heureuse de savoir ce qui doit arriver à notre pauvre France : réjouissez-vous de ne rien savoir. Il y a vingt-quatre ans que je savais que cette guerre arriverait ; il y a vingt-deux ans que je disais que Napoléon était un fourbe, qu'il ruinerait notre pauvre France.

Mais, au dire des grands savants, j'étais une illusionnée ; la France était une nation forte. Napoléon était un saint ; aujourd'hui, qui est illusionné ? Où est la force de la France quand le bon Dieu s'est retiré d'elle pour la punir ? Elle est dans l'aveuglement, elle est dans l'étourdissement, elle est dans la division ; mais le mal est-il arrivé tout d'un coup ? Non, chère mère, mais ce n'est pas ici le lieu de dévoiler à des séculiers comment est venu le mal. Je vous dirai seulement que si un étranger allait dans une famille et donnait aux enfants des lois contraires aux lois du père qui en est le chef, si les enfants acceptaient ces lois et laissaient celles données par leur père, ces enfants feraient preuve de peu d'amonr pour leur père et mériterait un châtiment. C'est ce qui est arrivé en France : un Italien, un marchand de bière, tout en se disant catholique, anéantissait peu à peu la loi de Dieu, réformait les écoles à la mode diabolique, faisait introduire de nouveaux livres et les faisait lire à la jeunesse, etc., etc.

Ainsi le monde se corrompait et devenait mauvais, et ceux qui avaient des yeux ne voyaient pas ; c'est-à-dire, ceux qui les premiers auraient dû s'opposer à cela laissaient faire. Malheur à ces personnes-là ! Ce ne sont pas mes paroles, mais les paroles de la Vierge, qui pleurait en annonçant ces fléaux au monde.

Je le redis, malheur aux chefs du peuple de Dieu, malheur à ceux à qui les âmes sont confiées et qui les laissent perdre. Vous, peuples de nos montagnes, attachez-vous fortement à la loi de Dieu, observez ses commandements jusqu'à la mort, vivez dans l'union et la charité de Jésus-Christ. Aimez la Vierge Marie, après Dieu elle nous est tout ; faites vos processions avec l'esprit de foi. Priez pour la France coupable, priez pour notre Saint-Père le pape Pie IX, notre chef, le vicaire de Jésus-Christ ; fuyez les personnes qui vous en parlent mal. Parler mal du Saint-Père, c'est parler mal de Jésus-Christ. Vous avez peut-être entendu parler de Garibaldi, sachez que la France a commis un crime en l'appelant pour aide. Hélas ! il aide au démon pour faire perdre la foi à ceux qui en ont encore un peu et pour attirer entièrement les malédictions de Dieu sur le peuple.

Enfin, le gouvernement, la France reconnaîtra-t-elle la main de Dieu? ou bien attend-elle d'être entièrement écrasée. S'humiliera-t-elle, reconnaissant qu'elle est coupable, ou bien veut-elle être anéantie?

Prions, prions, prions beaucoup, ne cessons pas de prier et de demander pardon et miséricorde.

Agréez l'hommage du respect avec lequel je suis, ma bien chère mère,

Votre très-attachée fille,

MARIE DE LA CROIX, *victime de Jésus.*

L'œil de Dieu veille sur moi.
Mon salut est dans la Croix!
Vive Notre-Dame de la Salette.

IV

LES ASSERTIONS DE MÉLANIE JUSTIFIÉES[1]

Quelques mots suffiront pour justifier les passages de la lettre de Mélanie sur Louis-Napoléon, qui s'est empressé de féliciter Victor-Emmanuel de s'être enfin emparé de Rome par la force brutale.

« Napoléon III, dit M. L. Veuillot, a saturé ses sujets d'orgueil envers Dieu, et envers les hommes, de faste, de luxure et d'ignoble repos, de tranquille mépris de la conscience et du devoir. Il leur a donné la raillerie, le vaudeville, le café chantant, la danse obscène et la Bourse tant qu'ils en ont voulu.

« Dans le courant de sa dernière année, il leur a

[1] On s'est permis quelques propos légers sur Mélanie : tantôt on la fait sortir de son couvent, d'autres fois on prétent qu'elle est morte. Il n'y a pas un mot de vrai dans tous ces *on dit*, Mélanie est toujours dans son couvent des Carmélites, où elle ne cesse de prier Dieu avec larmes d'abréger les épreuves de la France.

donné *Les Demoiselles Carpeaux*[1], les clubs et la statue de Voltaire. Par l'abandon de Rome, il a enfin renié Jésus-Christ, et il allait restaurer M. Renan. »

(*Univers*, 1er décembre 1870.)

Que de faits nous pourrions rappeler ici, et où, malgré toutes les précautions que commande la politique, perce la haine de l'Église : la lettre à Edgard Ney; la disgrâce du général Oudinot, pour avoir rétabli le pape à Rome sans conditions; le congrès de Paris où le gouvernement de Pie IX fut dénoncé à l'Europe; la brochure *le Pape et le Congrès*, écrite par un sénateur, ami de César; les entraves mises au recrutement des soldats pour l'armée pontificale et à l'organisation du Denier de Saint-Pierre : les disgrâces des députés, même impérialistes, qui avaient voté en faveur du pouvoir temporel du pape. On connaît les articles impies des journaux officieux à l'occasion de la question romaine et du baptême du jeune Mortara. Une abominable pièce de théâtre (*la Tireuse de cartes*) a été composée et publiée, à cette occasion, par M. Mocquart, secrétaire de l'Empereur, afin de rendre l'auguste Pie IX odieux aux multitudes; on a vu, à la représentation de cette comédie, Napoléon applaudir, de concert avec l'impératrice. Les journaux catholiques ont été supprimés sans procès, pour avoir, comme l'*Univers*, publié l'Encyclique, ou défendu l'Église, pendant qu'on autorisait la publication du *Temps* et de l'*Opinion nationale*, enragés contre le catholicisme. Le *Moniteur officiel* donnait des arti-

1 M. L. Veuillot fait allusion ici au groupe immonde sculpté sur la façade du Grand Opéra, à Paris.

cles sur Rome écrits par M. About, avec un tel cynisme que le cardinal ministre d'État se crut obligé de réclamer auprès du gouvernement français[1].

Dans les pièces saisies aux Tuileries, le 4 septembre, on a trouvé des lettres des hommes de l'empire donnant l'ordre formel à leurs subalternes de s'opposer aux œuvres qui avaient pour but la sanctification du dimanche.

Nous n'avons rien dit du massacre des zouaves à Castelfidardo, après l'entrevue, à Chambéry, de Cialdini avec Napoléon qui lui recommanda de faire vite.

On connaît les lenteurs et les contre-ordres qui faillirent faire écraser de nouveau les soldats du pape à Mentana.

Nous pourrions encore parler des siéges épiscopaux laissés vacants pendant de longues années, parce que le vénérable Pie IX, après un mûr examen et de sérieuses informations, ne jugeait pas dignes les sujets proposés par un ministre souvent hostile à l'Église.

Qui dira le scandale des catholiques sincères, mais non *indépendants*, quand ils virent l'Empereur décorer à Moulins des prêtres qui avaient résisté à leur évêque, et ailleurs gratifier de la même distinction ceux qui s'étaient permis de publier des pamphlets contre la liturgie romaine et les prescriptions de Pie IX à ce sujet.

On sait les difficultés de tout genre apportées par le

1 On laissait publier, ce n'est pas assez, *on autorisait* à être vendu dans les rues une multitude de mauvais petits journaux à 5 centimes, comme *l'Excommunié*, le *Réprouvé*, remplis de calomnies et de blasphèmes horribles, depuis la première ligne jusqu'à la dernière.

gouvernement impérial à l'apostolat catholique dans l'Algérie, et tout ce qu'il a fait pour empêcher le baptême des enfants.

Les missionnaires français, auxquels notre nation doit la riche colonie de la Nouvelle-Calédonie, ont été, non-seulement entravés dans leur saint ministère, mais encore, plusieurs des Pères se sont vus forcés de s'éloigner de leur troupeau; nous pouvons nommer les RR. PP. Guitta et Villard. Le gouverneur, M. Guillin, *phalanstérien* et une des créatures de Napoléon, qui s'était flatté de civiliser les sauvages sans le secours de la religion, a fait jeter en prison plusieurs catéchistes coupables d'avoir enseigné la doctrine chrétienne ; un chef de tribu, qui désirait être catholique, fut sur le point d'être fusillé s'il ne voulait pas renoncer à sa résolution. Nous tenons tous ces détails de témoins oculaires et très-dignes de foi.

Personne n'ignore le mal qui a été fait par M. Duruy, pendant le temps qu'il est demeuré, envers et contre tous, au ministère de l'instruction publique. Que d'entraves arbitraires il a apporté à la loi sur la liberté d'enseignement, de combien de livres hétérodoxes il a rempli les bibliothèques populaires !

Il n'y a plus d'inconvénient à raconter le fait suivant : Un jour que nous étions allé pour faire des recherches à la bibliothèque publique de la ville de Moulins, le bibliothécaire, bon chrétien, nous dit : « — Voulez-vous avoir une idée du mauvais vouloir du gouvernement impérial à l'endroit des catholiques, eh bien, écoutez ? Nous venons de recevoir, *gratis* et *franco*, l'*Histoire de l'Église de France* en 12 volumes, par M. Guetté, ouvrage mis à l'*index.* » On sait que l'auteur, qui a refusé de se soumettre, est devenu un pope de l'Église russe.

Nous laissons à un journal étranger le soin de parler du livre abominable du professeur apostat Renan sur la personne de Notre-Seigneur Jésus-Christ.

L'EXPIATION FRANÇAISE DES BLASPHÈMES D'ERNEST RENAN

ANNÉE 70; MOIS DE SEPTEMBR:

Titus assiége Jérusalem déicide, dans laquelle se forment trois factions en discorde et où règne une horible famine.

ANNÉE 1870, MOIS DE SEPTEMBRE.

La Prusse assiége Paris, où Renan avait nié la divinité de Jésus, et la cité est livrée aux factions et à la famine.

« Le Seigneur, dans sa miséricorde. a couvert de honte le front des Français, afin qu'ils connaissent son nom et sa puissance. Ah! dans les jours de châtiments, il faut se rappeler les jours de faute, et en mars 1871 se souvenir de mars 1864.

« Ernest Renan avait alors publié aux frais des éditeurs israélites, les frères Lévy, un livre pervers, sous le titre de *Vie de Jésus*, et de Paris ces pages sacriléges se répandaient en France, en Italie et dans toute l'Europe. Le Fils de Dieu était insulté, conspué, flagellé par cette plume d'enfer. Jésus-Christ y était appelé : « Un « villageois de la Galilée qui avait vu le monde à tra- « vers le prisme de sa naïveté (page 40). » Il y était qualifié : « Un jeune démocrate (page 147); un jeune « fanatique (page 106) ; un moraliste démodé dont les « exigences ne connaissaient pas de limites, qui dédai- « gnait les limites raisonnables de la nature humaine, « qui dépassait toute mesure, et pour qui l'amitié, la fa- « mille, la patrie n'avaient aucune valeur. » Il était accusé d'être : « Un homme qui usait parfois d'artifices inno- « cents, feignant de savoir quelque chose, qui ne résis- « tait pas beaucoup à sa réputation de thaumaturge ; qui « aimait les honneurs, parce qu'ils servaient à son but. »

Et Renan poursuivait ainsi, vomissant les plus ignobles blasphèmes contre ce Jésus mort pour lui et pour nous. Chose horrible à dire, mais pourtant vraie, l'argent de la France avait servi à la compilation de ce livre infâme; car le trésor impérial avait fourni à l'auteur plus de 60,000 fr. pour une expédition scientifique en Syrie, dont le résultat fut ce livre audacieux de Renan. De Paris il se répandit partout, au milieu d'un frémissement d'in- d'indignation, c'est vrai; mais Renan continuait à être professeur au collége impérial, et tandis que M. de Laprade était privé de sa chaire à Lyon, à propos d'une satire contre les *Muses d'État*, l'ennemi de Jésus enseignait, s'enrichissait, triomphait dans la capitale.

« Un ancien capitaine d'artillerie, quoique professant la religion protestante et fils du trop fameux Fouquier-Tinville, conventionnel et régicide, ne put s'empêcher d'adresser au Sénat impérial une pétition contre la licence effrénée de la presse démolissant la religion, la famille et le gouvernement lui-même.

« La pétition fut discutée le 17 mars 1864, et le cardinal de Bonnechose en prit occasion pour stigmatiser l'impiété de Renan et l'insulte faite non-seulement à tous les catholiques, mais même à ceux qui sont simplement chrétiens en France et dans tout l'univers. Dans la séance suivante du 18 mars, les sénateurs impérialistes demandèrent et votèrent le simple ordre du jour sur cette pétition. — Et l'*Opinion Nationale* écrivait alors : « Qui a « nommé Renan professeur d'hébreu au Collége de France? « l'EMPEREUR. Et l'Empereur connaissait Renan, connais« sait ses idées ; il connaissait suffisamment l'homme « auquel il avait confié une mission scientifique en Syrie, « pour être sûr qu'il n'enseignerait pas du haut de sa « chaire d'autres idées que celles qu'il avait toujours « manifestées. »

« Il semblait que journalistes, impérialistes, de concert avec César, répétaient à l'envi le cri frénétique des Juifs déicides : *Sanguis ejus super nos et super filios nostros !* La cause de Renan était devenue la cause de l'empire, de la liberté et de la puissance française. Mais l'horrible imprécation fut entendue du ciel, et l'avilissement qu'on avait voulu jeter sur l'Homme-Dieu est retombé sur la pauvre France, et d'abord sur son Empereur. Un délit sans exemple, consommé impunément au milieu d'une nation chrétienne, a attiré un châtiment aussi sans exemple. Les armes prussiennes ont eu dans la dernière guerre une force presque surnaturelle ; et le nouvel empereur d'Allemagne, lui-même, s'étonne d'avoir vaincu la France, de l'avoir vaincue si rapidement, de cette manière et toujours, dans toutes les rencontres. Qui se serait jamais attendu à une pareille ruine ?

« M. Thiers a eu bien raison d'en pleurer à l'Assemblée nationale, et tous les Français en pleurent aussi ; mais qu'ils ne pleurent pas tant sur le malheur qu'ils souffrent, que sur les causes qui l'ont produit. Qu'ils pleurent sur la nouvelle Passion que Jésus-Christ dût subir à Paris, il y a sept ans, lorsque Renan était plein de pitié pour le traître Judas, et qu'il insultait comme un imposteur le Fils de Marie Immaculée.

« Pour venger le premier déicide, la justice divine permit, en septembre de l'an 70, le siége et la destruction de Jérusalem, et pour en venger la répétition, dix-huit siècles plus tard, en septembre 1870, elle a permis la défaite de Sedan, le gouvernement de Gambetta et le siége de Paris. » (*L'Unità Catolicà*)

V

PIE IX ET LES SECRETS DE LA SALETTE

Il n'est pas, dans cette longue série de papes qui ont succédé au Prince des Apôtres, un Souverain Pontife dont le règne ait été plus long, plus glorieux et plus agité que celui de l'auguste Pie IX. Nous ne rappellerons pas ici les faits et gestes de ce grand pape ; tout le monde les a présents à l'esprit.

Ce qui frappe surtout dans la conduite de Pie IX, ce sont ces inspirations qui déconcertent la sagesse humaine, et, pour n'en citer qu'une seule, sa convocation de tous les évêques du monde au concile du Vatican, quand Rome était cernée par un cercle de fer et de feu et que les premières puissances militaires du monde étaient sur le point d'entrer en lice.

On sent que Notre-Seigneur assiste son Vicaire d'une manière toute spéciale, dans les circonstances si difficiles où il se trouve.

On comprend aussi que Pie IX, toujours si calme au milieu des plus violentes tempêtes, sait bien des choses que nous ignorons.

Pourquoi ne croirions-nous pas que cet auguste Pontife, en recevant communication des secrets de la Salette, a puisé dans ces révélations des lumières extraordinaires qui lui font attendre l'avenir avec confiance ?

Quoiqu'il en soit de cette idée, qu'on est bien libre d'adopter, rappelons d'une manière sommaire ce que Pie IX a fait en faveur de Notre-Dame de la Salette.

Voici quelques détails bien intéressants, pris dans une lettre de Rome, publiée par la *Gazette du Midi*, dans son numéro du 22 janvier 1871 :

« Dans la matinée du 16 octobre dernier, une foule nombreuse et recueillie se pressait dans l'église du Saint-Sauveur, *in Thermis*, une des plus antiques de Rome ; les communions étaient nombreuses, surtout à la messe principale, célébrée par Mgr Baillès, ancien évêque de Luçon, et des prières telles que les savent répandre les âmes ferventes, en des temps d'épreuve, s'élevaient vers Dieu et vers Marie.

« Ce jour était celui de l'érection solennelle de la confrérie de Notre-Dame de la Salette dans l'église du Saint-Sauveur.

« Dans cette église, le 6 août 1867, un tableau, représentant l'Apparition de la Salette, avait été exposé à la vénération des fidèles avec l'autorisation de S. Ém. le cardinal Patrizi, Vicaire de Sa Sainteté ; aujourd'hui, c'est le Souverain Pontife lui-même qui autorise à y ériger la confrérie de Notre-Dame de la Salette, et qui, par un bref, daté du mois d'octobre dernier, enrichit cette Association de nouvelles et nombreuses indulgences.

« Pie IX vient donc de donner une preuve de plus de

sa bienveillance pour une dévotion dont l'histoire se rattache d'une manière si étroite à celle de son pontificat. C'est sous son glorieux règne que le culte de Notre-Dame de la Salette a pris naissance, et a été fécondé par les bénédictions de cet immortel pontife, et que le grain de sénevé, déposé par la Vierge sur une montagne des Alpes, est devenu un arbre gigantesque dont les rameaux ont ombragé l'univers.

« Depuis trois mois seulement, Pie IX siégeait sur le trône de saint Pierre, quand, le 19 septembre 1846, la Reine de l'Église, l'auguste Mère de Dieu, se montra sur la montagne de la Salette, diocèse de Grenoble, à deux petits bergers qui gardaient leurs troupeaux. Du sein de la lumière dont elle était environnée, Marie, en versant des larmes, fit entendre des plaintes, des menaces et des promesses, qu'elle chargea ces deux enfants de faire connaître à son peuple.

« En apparaissant alors dans la gloire et dans les pleurs, la Vierge ne sembla-t-elle pas présager à Pie IX les triomphes et les tristesses de son pontificat ?

« On sait avec quelle rapidité la nouvelle de ce prodige se répandit par tout l'univers, avec quel empressement, d'innombrables pèlerins accoururent sur la montagne, de tous les points de la France et de l'étranger. Cet élan religieux fut béni du ciel, et des grâces merveilleuses furent accordées à l'invocation de la Vierge de la Salette.

« La divine Messagère avait confié un secret à chacun des bergers, qui le gardèrent pendant près de cinq ans avec une fidélité inviolable. Le Souverain Pontife ayant manifesté à Mgr de Bonald, archevêque de Lyon, le désir de connaître cette mystérieuse révélation, on fit comprendre aux deux enfants qu'ils devaient se rendre à la volonté du chef de l'Église.

« Ils écrivirent donc séparément leur secret, dans une des salles de l'évêché de Grenoble, en présence de témoins ecclésiastiques et laïques nommés par Mgr l'évêque ; ils cachetèrent eux-mêmes leurs lettres, qui furent confiées par Mgr de Bruillard, évêque de Grenoble, à M. Rousselot, chanoine et vicaire général honoraire, et à M. l'abbé Gerin, curé de la cathédrale de Grenoble. Ces deux vénérables ecclésiastiques partirent pour Rome dans les premiers jours de juillet 1851, et, le 18 du même mois, ils obtinrent du Saint-Père une audience dans laquelle ils lui remirent les secrets de la Salette. Après avoir lu d'abord la lettre de Maximin : « — C'est bien là, dit le Souverain Pontife, la naïveté d'un enfant. » Puis, en lisant celle de Mélanie, il laisse s'empreindre sur son visage la tristesse qui saisit son âme, et de ses lèvres émues tombent ces paroles *Ce sont des fléaux qui menacent la France ; mais elle n'est pas seule coupable : l'Italie l'est bien aussi, et l'Allemagne. Toute l'Europe est coupable et mérite des châtiments. Ce n'est pas sans raison que l'Église est appelée militante, et vous voyez ici son capitaine*[1].

[1] Il est facile de voir, dans ces paroles de Pie IX après avoir lu les secrets de la Salette, la guerre désastreuse et les luttes fratricides qui minent la France. On peut aussi en conjecturer que l'Italie, livrée à la Révolution la plus impie qui fut jamais,

« Quelques mois plus tard, Mgr l'évêque de Grenoble, après avoir examiné lui-même et fait examiner pendant cinq ans toutes les circonstances de ce fait prodigieux, publia enfin, le 19 septembre 1851, le jugement doctrinal par lequel il déclare l'Apparition du 19 septembre 1846 *indubitable et certaine*, et autorise le culte de Notre-Dame de la Salette.

« Il semble que Pie IX n'attendait que cette décision épiscopale pour répandre à pleines mains des trésors spirituels sur les missionnaires et les pélerins de la Salette, et sur les âmes dévouées au culte de son Apparition.

« Nous ne mentionnerons pas toutes les faveurs spirituelles par lesquelles le Saint-Père a encouragé la dévotion à Marie, apparue sur une montagne des Alpes, mais nous ne pouvons passer sous silence l'Indult du

ne tardera pas à subir de terribles châtiments. Et l'Allemagne protestante, qui a commis tant d'atrocités dans sa guerre avec la France, ne restera pas impunie.

Enfin l'auguste Pie IX, en rappelant que l'Église est *militante* sur la terre, indiquait les terribles combats qu'elle aurait à soutenir contre la démagogie.

On écrivait de Rome au mois d'avril dernier :

« Il y a eu hier un dîner de libres penseurs à la place Barberini La chose a eu lieu dans des conditions diaboliques. On avait placé un crucifix sur la table. Des toasts d'une impiété abominable ont été portés; la soirée s'est achevée dans des excès de tout genre.

« Au reste, les attentats qui se commettent à Rome contre la religion sont d'une nature qui révèle de la part des sectaires le parti pris de combattre Dieu lui-même. Vous ne pouvez, dans un pays comme le vôtre, soupçonner les excès auxquels se porte la haine des sectaires. On parle de profanations horribles, telles que les a révélées en partie le livre du père Bresciani, qui a pour titre le *Juif de Vérone*. »

2 décembre 1852 ; par cet acte mémorable, qui témoigne hautement de la bienveillance avec laquelle l'immortel Pie IX favorise le culte de la Vierge Réconciliatrice, Sa Sainteté, sur la demande de Mgr l'évêque de Grenoble, permet de solenniser chaque année l'anniversaire de l'Apparition (*ipso apparitionis die*), le 19 septembre ou le dimanche suivant, dans toutes les églises du diocèse, par une messe solennelle et le chant des vêpres en l'honneur de la Sainte Vierge. Le même Indult autorise tous les prêtres du diocèse de Grenoble à *honorer la mémoire de cette Apparition : memoriam hujus Apparitionis recolere*, par la récitation de l'office et la célébration de la messe du Patronage de la Sainte Vierge.

« Nous devons mentionner enfin l'Indult du 7 août 1867, par lequel le Souverain Pontife accorde toutes les indulgences du mois de Marie aux associés de la Confrérie de Notre-Dame de la Salette, établie à Arles, qui célébreront le mois de Notre-Dame Réconciliatrice en septembre.

« Plus récemment encore, dans un Bref daté du 20 novembre 1869 et signé de la main de Pie IX, après avoir félicité M. Similien d'Angers des longs et pénibles voyages qu'il a entrepris pour recueillir les fonds nécessaires à l'érection de l'autel majeur du sanctuaire de la montagne de la Salette, le Souverain Pontife le loue également des études consciencieuses qu'il a faites pour venger de la calomnie et de l'erreur (*vindicandæ a calumniis et erroribus*) l'histoire des premiers faits relatifs à ce sanctuaire.

« De la paternelle libéralité de Pie IX à l'égard de cette dévotion, et de la manière dont il a parlé de l'opposition au miracle du 19 septembre 1846, n'est-il pas permis de conclure, avec Mgr Ginoulhiac, aujourd'hui archevêque de Lyon, que le Saint-Père *s'est plu à témoigner un intérêt spécial à l'Œuvre de la Salette ?*

« Car, s'il est vrai que le Souverain Pontife n'a pas prononcé de jugement sur le fait de l'Apparition..., il ne l'est pas moins qu'il a donné à la dévotion de la Salette l'approbation la plus authentique... Par une exception bien rare, si elle n'est pas unique, il a autorisé, pour la consacrer, une fête spéciale dans le diocèse de Grenoble [1].

Il semble que dans quelques actes de son pontificat, Pie IX se soit inspiré des enseignements de l'Apparation de la Vierge sur les Alpes ; dans son Encyclique, écrite de Naples, trois ans après cette Apparition, il adresse aux évêques d'Italie ces remarquables paroles, qui ont retenti dans l'univers :

« Vos efforts et ceux des prêtres, qui sont vos aides dans la conduite des âmes, doivent tendre surtout à faire concevoir aux fidèles la plus grande horreur pour les crimes qui se commettent, au grand scandale du prochain ; car vous savez combien, en divers lieux, a grandi le nombre de ceux qui osent publiquement *blasphémer les saints qui règnent dans le Ciel, et même le très-saint nom de Dieu... ou qui, les jours fériés, se livrent ouvertement à des œuvres serviles, ou qui, en public, méprisent les préceptes du jeûne et de l'abstinence.* »

Dans sa lettre à S. Ém. le cardinal Patrizi, en date du

[1] Mandement du 4 novembre 1854.

12 octobre 1867, le Souverain Pontife s'élève avec non moins de force contre les mêmes prévarications :

« Vénérable Frère, écrit Sa Sainteté, nous déplorons particulièrement trois maux : *l'impiété du blasphème*, qui se répand malheureusement, surtout dans le peuple, *l'inobservance des jours de fête*, le manque de respect dans la maison de Dieu.

« Ces maux provoquent ordinairement la vengeance divine, ainsi que les Saintes Écritures et l'histoire nous l'attestent. En conséquence, pénétré de la sainteté de notre devoir de veiller à la gloire de Dieu et au salut des âmes, et d'éloigner de notre peuple, autant que possible, les fléaux célestes, nous vous recommandons, vénérable Frère, notre vicaire, de pourvoir, en notre nom et avec pleins pouvoirs, à l'extirpation de ces maux. Il sera bon, certainement, de ranimer le zèle des curés, confesseurs et prédicateurs, des supérieurs d'institutions religieuses, et même des bons laïques, afin que chacun, de son côté, employant les moyens qui sont en son pouvoir, contribue par l'instruction, par la réprimande, par l'admonition et par toutes sortes d'œuvres de charité à la cessation de tels scandales et à la résipiscence des coupables.

« Au vice du blasphème, on pourrait opposer une sorte d'apostolat formé par les pères de famille, par ceux qui sont à la tête des diverses fonctions civiles, par les chefs des divers arts et métiers, lesquels s'efforceraient tous d'extirper de leurs subalternes ce vice exécrable.

« L'observation des jours de fête pourrait être encouragée par les principaux chefs d'ateliers, par ceux qui commandent des travaux, même par les ouvriers animés d'un véritable esprit de religion. Quant au respect dû aux églises et à l'attitude que l'on doit y garder, il faudrait remettre en vigueur les ordres donnés par notre prédécesseur, de sainte mémoire, Léon XII... On rappellerait sérieusement à tous que la maison de Dieu est une maison de prière et que la sainteté convient au Saint Lieu. »

Or, ces grands enseignements du chef suprême de l'Église ne sont-ils pas ceux-mêmes que faisait entendre, du haut de la montagne, comme d'une chaire sublime, la Vierge de l'Apparition? Parlant au nom de son Fils comme autrefois les prophètes :

« Je vous ai donné six jours pour travailler, disait-elle, et je me suis réservé le septième, on ne veut pas me l'accorder. Ceux qui conduisent les charettes ne savent plus jurer sans y mettre le nom de mon Fils ; ce sont les deux choses qui appesantissent tant son bras.

« Il ne va que quelques femmes âgées à la messe, les autres travaillent le dimanche,tout l'été ; et l'hiver, quand ils ne savent que faire, ils vont à l'église pour se moquer de la religion.

« Le carême, on va à la boucherie... »

Paroles admirables dans leur évangélique simplicité ! Avec quelle précision elles marquent les plaies vives de notre époque et surtout de notre France !

En même temps qu'elles tombaient des lèvres de la divine Messagère, d'abondantes larmes ruisselaient de ses yeux, et c'est là, sans doute, ce qui a donné à ces grands enseignements tant d'efficacité pour toucher et convertir les cœurs. L'illustre évêque de la Rochelle, depuis S. Ém.

le cardinal Villecourt, ne tarda pas à remarquer cette vertu merveilleuse des paroles de Notre-Dame de la Salette ; dans l'ouvrage qu'il publia dès 1848 sur le fait du 19 septembre 1846, il raconte lui-même que, dans le cours d'une de ses visites pastorales, il prêcha les enseignements de l'Apparition dans vingt paroisses successives. Partout les larmes coulèrent, et on ne put surprendre nulle part un signe d'incrédulité, même parmi les populations où les catholiques se trouvaient mêlés aux protestants.

Mgr Ginoulhiac a vu, dans la manière admirable dont les paroles de la céleste Messagère répondent au besoin de nos temps et, dans les fruits de grâce qu'elles ont opérées, une des causes de *l'intérêt spécial que Pie IX s'est plu à témoigner à l'œuvre de la Salette.*

« Cette dévotion, écrivait en 1854 ce savant prélat, se lie de la manière la plus étroite au mouvement qui, depuis quelques années, s'est déclaré en France, relativement à la réparation des blasphèmes et à la sanctification du dimanche, et qui ne nous permet pas de désespérer de l'avenir.

« On sait avec quel succès l'association fondée dans ce but par Mgr Parisis s'est répandue en divers diocèses, et il n'est personne qui n'ait entendu parler des fruits de religion et de respect qu'elle y a portés et y porte encore. Là même où elle n'a pas été établie, son influence s'est fait sentir, et aujourd'hui un mouvement général agite la France en ce sens. Il gagne de jour en jour nos villes les plus considérables, et l'on a droit d'espérer qu'il ne s'arrêtera point. Mais ce que tout le monde ne sait pas, ce qu'on n'a pas assez remarqué, c'est que ce mouvement tient, comme à sa source originaire et la plus éclatante, aux paroles prononcées sur le plateau de cette montagne reculée, le 19 septembre 1846 [1]. »

Or, l'heure présente est merveilleusement favorable pour faire entendre à tous ces paroles solennelles dont Pie IX semble s'être fait l'écho. Est-il un catholique, connaissant l'Apparition du 19 septembre 1846, qui ne se soit rappelé, à la vue des douleurs de l'Église et de la France, ces accents de la céleste Messagère : « Si mon peuple ne veut pas se soumettre, je suis forcée de laisser aller le bras de mon Fils ; il est si lourd et si pesant, que je ne puis plus le retenir ! »

On se redit partout en tremblant ces prophétiques menaces, et tous les regards et tous les cœurs semblent tournés vers cette montagne où Marie a pleuré sur les maux de ses enfants, et d'où l'on espère voir venir le salut.

Du reste, en érigeant la confrérie de Notre-Dame de la Salette, à Rome, le Saint-Père n'a-t-il pas semblé nous inviter lui-même à recourir à la Vierge Réconciliatrice dans ces jours d'épreuve ?

Qu'ils retentissent donc dans toutes nos églises et par tout l'univers, les enseignements de l'Apparition ! et qu'ils portent partout l'horreur du blasphème, de la profanation des saints jours et du mépris des saintes lois de l'abstinence et du jeûne; alors nos malheurs finiront avec les crimes qui les provoquent, et la France, redevenue glorieuse comme son passé et fidèle à sa mission, se souviendra de son triomphe pour amener celui de Pie IX et de l'Église.

1 Mandement du 4 novembre 1854.

Pie IX disait, le 5 Mars 1871, à des Autrichiens, ces paroles remarquables :

« — Notre temps est rempli d'impiété et de tristesse ; toute chose est bouleversée. Cependant, le sentiment d'affection et de piété qui se manifeste de toutes parts dans l'Église catholique, m'est une grande consolation. Il me donne même la force de supporter la guerre que tant d'hommes pervers ou aveuglés font à la religion et à ce Siége du Vicaire de Jésus-Christ.

« NOUS AVONS VU TOMBER EN POUSSIÈRE (*cadere infranto*) UN TRÔNE, NOUS EN VOYONS CHANCELER UN AUTRE PLUS VOISIN.

« La tempête déchaînera plus furieuse ses flots ; mais ils devront reculer. Je ne sais ni le temps, ni l'heure. Ce qu'il y a de certain, c'est que viendra le jour où le Seigneur dira : *Usque huc et non ultra ; hic confringes tumentes fluctus tuos*. Ce qu'il y a de certain aussi, c'est que le Seigneur se sert souvent pour les œuvres de la main des hommes.

« L'ordre reviendra sans doute, mais seulement quand les rois auront compris qu'avec *l'excessive liberté de la presse* et avec la dissolution des mœurs actuelles, il leur est impossible d'être fermement assis sur leurs trônes ; quand ils auront compris qu'en se laissant entraîner par la révolution, en tenant une conduite toujours indécise et pleine de faiblesse, ils ruinent fatalement eux-mêmes les fondements de leur pouvoir... *Erudimini qui judicatis terram.* »

VI

COMPASSION ET PRIÈRES DE PIE IX POUR LA FRANCE DANS SES ÉPREUVES.

Pie IX, qui a toujours bien su distinguer la vraie France des gouvernements qui l'ont exploitée à leur profit, est plein de sollicitude pour la fille aînée de l'Église.

Pie IX aime tous ses enfants, et en cela il imite le divin Maître, mais il a des préférences pour la France.

« Les Français ont tant fait pour moi, ils m'ont témoigné tant d'amour et de dévouement, non pas seulement en paroles, mais en fait, que je les aime et que je suis obligé de prier chaque jour pour eux à la messe. » Telles auraient été les paroles du Pape.

Un de nos amis, qui a eu le bonheur de voir Sa Sainteté, rapporte qu'elle a répété plusieurs fois avec un ton d'indicible amour :

— *Povera Francia! povera Francia!*

Que de larmes et quelle tendre douleur dans ces mots de notre Père! (*Univers.*)

Pie IX, qui connaissait les secrets de la Salette et l'état de notre pays, en nous voyant courir pleins de confiance au-devant des Prussiens, s'écriait : *Povera Francia!* Tous nos désastres étaient peints dans cette exclamation de douleur. Mais au plus fort de ces désastres, quand l'Europe avilie nous regarde comme perdus, il dit : *Je ne compte que sur la France.* Dans cette généreuse affirmation, nous pouvons lire notre glorieux avenir, si nous revenons franchement aux principes religieux.

Voici d'autres paroles de Pie IX, qui doivent nous remplir d'espérance : *La France a été labourée, son sol est trempé de sang, et la semence divine germera bientôt pour produire de grands fruits.*

Dans un Bref adressé à Mgr de la Bouillerie, Pie IX s'exprime ainsi : « Nous voulons que vous teniez pour certain, vénérable frère, que, comme dans notre douleur une bonne part nous vient des malheurs de la France, nous ne cessons jamais nous-même de supplier le Dieu de clémence pour les fidèles de cette noble nation, afin qu'il se hâte de faire éclater sur vous les effets de sa miséricorde et de ramener des jours de paix, des jours de triomphe pour la religion et pour toute justice. » Combien cette prédilection du Père commun des fidèles pour la fille aînée de l'Église n'est-elle pas consolante pour nos cœurs attristés, et comme il est beau de voir le Pape prisonnier oublier pour ainsi dire ses propres épreuves pour assurer qu'*une bonne part de sa douleur* lui vient de nos malheurs !

Pie IX a dit encore cette parole pleine de confiance : « C'est maintenant le temps de prier et tout ira bien. » Courage et espoir en Dieu avant tout ! Nous tous, qui marchons sous la bannière triomphale de la Croix, ne sommes-nous pas sans exception les légions victorieuses de Jésus-Christ et de son Église, militante aujourd'hui et demain triomphante ?

Le 15 avril dernier, les dames étrangères de Rome ont été reçues par le Saint-Père. Elles lui ont remis un étendard magnifiquement brodé, un baldaquin et une somme d'argent. Pie IX, ému jusqu'aux larmes, a prononcé une belle allocution dans laquelle il témoigne d'une façon éclatante de ses sentiments pour notre pauvre France, nous en citons la fin :

« Et puisque ces dames qui m'entourent appartiennent à diverses nations, et entre autres à la France, je les invite à prier pour cette nation catholique et illustre, laquelle se trouve aujourd'hui plongée dans le désespoir et le deuil, à prier particulièrement pour *sa capitale, qui, si elle a été parfois le foyer de beaucoup de méchancetés, est soumise en ce moment aux plus sévères châtiments !*

« Ah ! oui, prions pour la France, et prions aussi pour l'Europe et pour toute la famille humaine, afin que Dieu touche les cœurs, ouvre à tous les yeux de l'intelligence, arrête leurs pas sur le bord de l'abîme béant et place les égarés dans le bon chemin.

« J'ai lu hier dans un journal qui se publie à Rome et qu'on appelle modéré, j'ai lu, dis-je, avec horreur que l'écrivain d'un certain article fait des vœux pour que les communistes de Paris aient la victoire.

« Mais laissons les aveugles et les guides des aveugles. Hâtez, par vos désirs, par vos prières, l'heure de la miséricorde divine, recevez en ce moment, comme gage de la bénédiction que devra donner le Pape du haut de la loge du Vatican, recevez, dis-je, cette bénédiction que Dieu vous octroie par la main de son Vicaire indigne. Ah ! puisse cette bénédiction être pour chacune de vous le signe de l'amour céleste ! *Benedictio Dei*, etc. »

Le Pape est le seul souverain qui soit resté fidèle à notre patrie si éprouvée. Pie IX s'est interposé entre la Prusse et la France afin d'empêcher cette horrible guerre, qu'il *savait* devoir nous être si nuisible.

Quand nous avons été vaincus sur toute la ligne, malgré les rodomontades de Gambetta, Pie IX a plaidé notre cause auprès du roi de Prusse, afin d'obtenir des conditions de paix moins désastreuses pour nous.

Quoique nous l'ayons abandonné et qu'il ait été dépouilllé de tous ses biens par le Piémont révolutionnaire, le Pape a voulu, dans sa détresse, prendre dix mille francs sur son nécessaire, afin de nous les offrir et de nous témoigner ainsi son amour.

A ce sujet, Son Exc. Mgr le nonce a reçu de Son Ém. le cardinal Antonelli une lettre dont voici des extraits :

« Révérendissime Seigneur,

« Au milieu des nombreuses et profondes douleurs que le Saint-Père éprouve par suite de l'état actuel des choses à Rome, il n'en tournait pas moins toujours sa pensée vers la France, fille première née de l'Église ; il avait compassion de son sort déplorable et ne laissait échapper aucune occasion favorable pour lui procurer, autant qu'il lui était possible, les moyens de faire cesser ou d'alléger les maux qui résultaient pour elle d'une lutte désastreuse.

« A présent que la guerre est terminée, l'affection toute particulière qu'il porte à une partie aussi choisie de ses enfants rend présentes à son cœur les pénibles conséquences qui doivent plus nécessairement atteindre les habitants des pays les plus éprouvées par le fléau de la guerre.

« Ce n'est pas que Sa Sainteté, qui connaît par d'innombrables preuves le zèle des évêques français, doute que chacun d'eux ne fasse tous ses efforts, afin que ses diocésains, animés du sentiment de charité qui est propre à notre très-sainte religion, viennent au secours de leurs semblables et fassent pour eux tout ce que leur position particulière peut leur permettre.

« De son côté, le Saint-Père consacre à cet objet une somme de 10,000 fr.

« Après tous les témoignages d'affection obéissante et de tendre dévotion que la France a voulu lui donner en tout temps, rien n'aurait été plus agréable au Saint-Père que d'y correspondre dans une mesure aussi large que sa reconnaissance sans bornes le lui inspirait. Mais la France sait que les élans de son cœur trouvent un obstacle insurmontable dans la pénurie à laquelle il est réduit, ayant été dépouillé de tout ..

« Rome, 1er mars 1871.

« JACQUES ANTONELLI, *cardinal.* »

PRIÈRES SOLENNELLES PRESCRITES A ROME POUR LES BESOINS DE LA FRANCE

Son Ém. le cardinal vicaire, Mgr Patrizzi, a publié, le 25 avril, un *Invito sacro*, appelant les fidèles de Rome à un *Triduum* solennel de prières pour la France à l'église de la Minerve. Nous croyons devoir reproduire une partie des paroles dont s'est servi Mgr Patrizzi pour recommander aux fidèles cette dévotion.

« En diverses occasions, Sa Sainteté a exprimé son désir que l'on priât beaucoup pour la pacification de la France, déchirée aujourd'hui par une sanglante guerre civile. Outre les raisons générales qui doivent nous faire désirer le bien de tout le peuple chrétien, nous avons des raisons spéciales de le souhaiter à cette noble et catholique nation à laquelle nous devons avoir une grande reconnaissance et une égale affection. . . . .

. . . .

« Les Romains, qui ne peuvent ignorer combien cette nation très-noble et très-chrétienne s'est acquis de titres à la reconnaissance de l'Église et de Rome, voudront certainement lui en donner un nouveau témoignage par leur empressement à suivre le *Triduum*, par leurs prières, par leurs aumônes. »

Soyons fidèles, de notre côté, à répondre aux exemples et aux conseils de notre Saint-Père, que la prière soutient et encourage depuis vingt-cinq ans.

La prière, la prière continue est la loi; elle est la nécessité de notre condition dépendante, la naturelle attitude de l'homme devant Dieu, l'arme et la force de l'humaine débilité : *Quoniam oportet semper orare et non deficere.* Si prier est la loi générale, le besoin de tous les jours, combien plus pressant et plus impérieux devient le précepte dans les temps où la patrie est en danger, où la patrie est placée en face de la ruine et de la mort ! Oh ! alors, la prière, la prière populaire et publique en permanence, l'intercession s'ajoutant à l'intercession, l'imploration réitérée, persistante, croissante ! Et gardons-nous des lassitudes ; gardons-nous de défaillir, si nous n'avons pas été écoutés encore et si l'heure de la miséricorde se fait attendre. Qui sommes-nous pour marquer à Dieu des détails? Précipitons la prière sur la prière ; intercédons plus persévéremment, avec opiniâtreté, avec importunité. L'efficacité, la victoire de la prière est à ce prix.

Lorsque le peuple de Dieu (peuple dont nous sommes les vrais héritiers) luttait contre des ennemis tout aussi redoutables que ceux que nous avons en face de nous, que faisait Moïse? Il priait, il priait toujours, il priait sans cesse, et quand la fatigue lui faisait tomber les bras, de pieux lévites les soutenaient en les reportant dans la direction du ciel.

C'est la prière qui s'est assise au berceau de notre nationalité, et, — par Geneviève, — nous a délivrés d'Attila et des Huns, ces guerriers sauvages vomis par l'enfer, et dont les Prussiens ne sont qu'un pâle reflet.

A Tolbiac, qui sauva Clovis encore païen ? Une prière, un vœu, un cri du cœur.

La prière, c'est l'arme des armes. On se rappelle cette parole d'un grand homme de guerre que, pour combattre avec succès, il fallait trois choses : l'argent, l'argent, l'argent. Nous, chrétiens, nous avons mieux que cela sous la main, un trésor inépuisable nous est assuré, nos emprunts, — si répétés et si larges qu'ils soient, — loin de tarir nos ressources les accroissent; c'est la prière, la prière et toujours la prière!...

L'histoire de France, si fertile en miracles, est la preuve continuelle et éloquente du pouvoir de la prière dans tout ce que nous avons entrepris et pour ce qui nous reste encore à faire; le passé, si glorieux qu'il soit pour nous, n'est que l'ombre de l'avenir qui nous est réservé; cet avenir, c'est demain peut-être : soyons à la hauteur de notre mission et nous pouvons compter sur la victoire qui en sera le fruit.

Paris est bien coupable. Il emprisonne et met à mort ses pontifes et ses prophètes. Il a chassé de son sein les vierges qui priaient nuit et jour afin de conjurer la justice de Dieu. Le saint sacrifice a cessé dans la plupart de ses églises devenues des clubs abominables, où des énergumènes vomissent des blasphèmes et des imprécations horribles. En 93, on proclamait l'existence de Dieu et l'immortalité de l'âme, de nos jours, on ose décréter la *déchéance de Dieu* et la fin de son règne. *Quelle peine doit éprouver Marie à soutenir le bras de son divin Fils prêt à s'appesantir* sur cette nouvelle Sodome, dont Voltaire est devenue la seule divinité, C'est à nous prêtres et fidèles d'intercéder auprès de Dieu, comme le firent autrefois Abraham et Moïse en faveur des peuples prévaricateurs et des villes coupables.

Nous avons adoré l'erreur sous le nom menteur des principes de 89 ; nous nous sommes mis à genoux devant la Révolution athée ; mais nous avons fait la douloureuse expérience que l'apostasie est fatale aux nations comme aux individus. Brûlons l'idole, et après avoir brûlé l'idole, adorons de nouveau le Christ, le Fils de Dieu, que nous avions abjuré, que nous avions brûlé : *adora quod incendisti*, comme disait saint Remi à Clovis. Et alors Paris, nouvelle Ninive, échappera par la prière et par la pénitence au feu du ciel qui menace de l'*égaler à la terre*.

Le prophète Isaïe semble parler de la capitale de la France quand il s'écrie :

« La ville de la vanité est frappée. Ses maisons sont fermées, car personne n'y entre. La solitude y règne *et des malheurs de tous genres sont à ses portes.* » (ISAÏE, XXIV, 10.

PRIÈRE POUR LES CALAMITÉS PRÉSENTES

Le 6 octobre 1870, le Saint-Père a accordé une indulgence de cent jours, à gagner, une fois chaque jour, par tous ceux qui, contrits de cœur, réciteront la prière suivante :

« Très-clément Jésus, vous êtes seul notre salut, notre vie, notre résurrection ; nous vous supplions donc de ne pas nous abandonner dans nos angoisses et nos troubles, mais par l'agonie de votre très-saint Cœur et par les douleurs de votre Mère immaculée, secourez vos serviteurs que vous avez rachetés par votre précieux sang. »

LOUANGES AU SAINT NOM DE DIEU EN RÉPARATION DES BLASPHÈMES.

Dieu soit béni. — Béni soit son saint Nom.

Béni soit Jésus-Christ, vrai Dieu et vrai homme.

Béni soit le nom de Jésus.

Béni soit Jésus au très-saint Sacrement de l'autel.

Bénie soit l'incomparable Mère de Dieu, la très-sainte Vierge Marie.

Bénie soit sa sainte et immaculée Conception.

Béni soit le nom de Marie Vierge et Mère.

Béni soit Dieu dans ses anges et dans ses saints.

Indulgence d'un an, à chaque récitation. (PIE VII, 23 juillet 1801.)

Indulgence plénière, une fois le mois, si on récite cette louange au moins une fois chaque jour. (PIE IX, 8 août 1857.)

MON JÉSUS, miséricorde.

100 jours chaque fois.

BON SAINT JOSEPH, notre guide, protégez nous, protégez la sainte Église.

50 jours pour les associés du culte perpétuel.

CONCLUSION

C'était en 1710, époque désastreuse où la France, comme aujourd'hui envahie par l'étranger, semblait perdue à tout jamais. Fénelon qui, comme il le disait fort justement, « aimait avec tendresse sa patrie, » épanchait son âme dans celle de son ami, le duc de Chevreuse. Après avoir retracé le déplorable état où se trouvait la patrie, dans un tableau saisissant qui semble fait pour dépeindre nos malheurs actuels, l'illustre archevêque de Cambrai poursuivait en ces termes : « J'espère que Dieu sauvera la France, parce que j'espère que Dieu aura pitié de la maison de saint Louis, et que dans la conjoncture présente, la France est un grand appui de la catholicité. Mais après tout, ne nous flattons pas; Dieu n'a besoin de personne, il saura bien soutenir son Église sans ce bras de chair... Eh ! quel moyen y aurait-il de nous souffrir, si nous sortions de cette guerre sans une humiliation complète et finale ?... Vous me direz que le changement de cœur ne venant point, il faudrait donc une chute totale. Je puis me tromper, je le suppose sans peine, mais je suppose qu'il nous faut un changement de cœur par grâce, ou une hnmiliation qui ne laisse nulle ressource flatteuse à notre orgueil. Je vous réponds que Dieu connait ce que j'ignore, soit pour donner un cœur nouveau, soit pour accabler sans détruire. Il voit dans les trésors de sa Providence le juste milieu que ma faible raison ne me découvre pas ; j'adore ce qu'il fera sans le pénétrer, j'attends sa décision. »

Hélas! comme ces lignes, tracées il y a cent soixante ans pour la France de Louis XIV, s'appliquent bien à la France d'aujourd'hui!

Le grand moyen que Dieu nous a donné pour échapper à l'abîme prêt à nous engloutir, c'est la PRIÈRE et la RÉPARATION, nous ne saurions trop le répéter.

Méditons les paroles adressées par le vénérable Pie IX aux prédicateurs du carême à Rome ; elles renferment un dernier enseignement :

« Il a plu au Maître de toutes choses de permettre tout ce que nous voyons, tout ce que nous déplorons, et il lui a plu aussi que son Vicaire demeurât inébranlable en face des événements qui ont changé l'aspect de la capitale du monde catholique, dont nous pouvons dire comme autrefois de Sion : « Ses rues pleurent, *viæ ejus lugent.* »

« En vérité, par sa nature, par son privilége de centre du catholicisme, se maintenant toujours dans la gravité, sans dédaigner parfois quelque divertissement honnête, cette ville conservait son caractère de cité des Saints ; mais à présent, oh ! comme l'or a perdu son éclat! La violence, l'injustice, la force ont renversé les murailles et pénétré dans le Lieu Saint, avec une épaisse, ténébreuse et horrible nuée de sicaires, d'assassins, d'hommes sans religion et sans pudeur. Ainsi, en peu de mois, tout a été changé : plus de respect pour les ministres du sanctuaire, qui parfois sont en butte à l'outrage et à la dérision ; plus de respect pour les églises, dont plusieurs sont profanées, souillées par les émissaires de Satan. Il y a pire encore : on menace d'enlever à Rome son précieux trésor de communautés religieuses et de dépouiller complétement l'Église. C'est l'idée qu'on nourrit et qui sera peut-être bientôt exécutée, si Dieu permet qu'ils en aient le temps.

« Au milieu de si épouvantables catastrophes et d'une si terrible tempête, quelles armes opposer à ces efforts de l'enfer ?

« Au temps de Rome païenne, il fut dit : « Le propre des « Romains est de savoir agir et souffrir : *Agere et pati* « *Romanorum est.* » Dans une des apologies qu'il présentait aux persécuteurs du Christianisme (aujourd'hui aussi, il a ses persécuteurs), un Père de l'Église appliquait cette parole aux chrétiens : *Agere et pati christianorum est.....* »

Après avoir énuméré le bien qui se fait à Rome, malgré la révolution, le Saint-Père continue en ces termes :

« Après tant de prières, verrons-nous enfin se lever l'aurore de la paix, et l'aurons-nous bientôt ?

« Elle viendra, ceci est certain.

« Sera-ce bientôt ? Je ne le sais pas ; je ne sais pas même si nous n'aurons pas à souffrir encore d'autres douleurs.

« Je me souviens de Judas qui, après avoir pris ce pain qui donne la mort aux méchants, la vie aux bons :

Mors malis, vita bonis, quitta la salle divine (divine par la présence et l'action du Christ) afin de hâter le moment où devait commencer la passion.

« Ce fut alors que le Christ lui-même prononça cette parole : « Maintenant le Fils de l'homme est glorifié : « *Nunc glorificatus est Filius hominis.* »

« Il pouvait le dire auparavant en toute vérité, à cause de ses miracles, de sa doctrine, des prophéties qui avaient reçu en lui leur accomplissement, mais ce fut alors qu'il le dit en termes exprès, parce qu'alors seulement il allait être glorifié par les clous de la croix, avant sa mort.

« Avant d'être glorifié par la Résurrection et l'Ascension, il voulut l'être d'abord en souffrant et en mourant sur le Golgotha.

« Nous aussi nous devons ressusciter de l'abîme où, par la permission de Dieu, on nous a jetés. Mais qui sait si nous ne devons pas souffrir encore de plus grands tourments ? Très-certainement, cependant nous serons glorifiés par une vengeance digne de Dieu, c'est-à-dire par une conversion admirable OU PAR UN TERRIBLE CHATIMENT DE SES ENNEMIS.

« Oui, mais il faut que nous persévérions constamment dans la prière, continuant à demander au Seigneur avec confiance que vienne le jour où, délivrés de la main de nos ennemis, nous le servirons, marchant devant lui, dans la sainteté et la justice, tous les jours de notre vie : *De manu inimicorum nostrorum liberati, serviamus illi in sanctitate et justitia coram ipso omnibus diebus nostris.*

« Le triomphe du Christ est certain, comme l'Église le dit dans ses chants et comme cela est écrit tout près d'ici sur le piédestal de l'obélisque du Vatican : « le Christ « règne, le Christ est vainqueur, le Christ commande, « que le Christ nous préserve de tout mal : *Christus « vincit, Christus regnat, Christus ab omni malo nos « defendat*.

« Prions donc ; prions, unissant à la prière une vie exemplaire et la résignation de l'âme.

« Il commande à la tempête et aussitôt la mer devient calme... »

Ne nous faisons pas illusion, la France ne sera préservé du cataclysme qu'en étant fidèle à sa vocation de défendre la sainte Église.

Voici des paroles dignes d'être méditées du docte et pieux dom Guéranger :

« Je n'ignore pas que c'est s'exposer à passer pour rétrograde, que de ne pas voir le salut de la societé dans l'emploi de telles ou telles formes politiques, que de ne pas avoir confiance dans les grands avantages que la civilisation a retirés des conquêtes du siècle dernier ; mais, puisque nous avons la liberté de penser et de dire, qu'il me soit permis aussi d'en user, et de signaler les vrais besoins du siècle et ses véritables dangers.

« Pendant que Noé et ses fils construisaient l'arche qui devait recevoir et sauver du naufrage les destinées du genre humain, « les hommes, dit le Sauveur, mangeaient « et buvaient, se mariaient et conduisaient des noces. »

(Luc, xvii, 27.) Plus d'une fois, durant cent années que dura la construction du vaste asile préparé pour les êtres qui ne devaient pas périr, les travailleurs eurent à essuyer les sarcasmes de ceux qui avaient foi dans l'avenir; on ne comprenait rien à leur obstination dans un si étrange labeur; on leur disait qu'il y avait tout autre chose a faire en cette vie que de couper des arbres et de les façonnner en charpente, que de s'amuser à fabriquer une prison en bois, tandis que l'air était si doux à respirer; le déluge vint, et on put voir alors de quel côté était la prévoyance. La foi catholique doit être l'arche de salut pour les sociétès européennes, dans le cataclysme qui les menace; ceux qui veillent à la conserver pure de tout alliage, à la préserver en eux-mêmes et dans les autres de l'attiédissement général, ceux-là ne sont pas nuisibles à l'avenir du monde, et leur simplicité mérite du moins quelque indulgence. »

APPENDICE

Voici la relation authentique des paroles prononcées par Pie IX après avoir lu les secrets de la Salette.

Dans les premiers jours du mois de juillet 1851, les enfants écrivirent séparément leur secret, en présence de témoins qui déclarèrent que la lettre incluse était bien de celui qui était désigné comme son auteur. Ces deux lettres furent renfermées sous une enveloppe commune, avec une lettre de Monseigneur de Grenoble qui accréditait auprès de Sa Sainteté M. Rousselot, chanoine et grand-vicaire, et M. Gerin, curé de la cathédrale de Grenoble, porteurs des dépêches mystérieuses.

Les deux délégués partirent le 6 juillet, passèrent à Marseille et remirent les secrets au Pape le 18 du même mois.

Sa Sainteté, qui connaissait déjà l'affaire de la Salette par les livres de M. Rousselot et par les informations qui avaient été prises, ne méprisa pas les secrets, elle les traita, au contraire, fort sérieusement ; elle en fit oralement, devant MM. Rousselot et Gerin, un résumé qui s'harmonise très-bien avec les paroles publiées de la belle Dame.

Les deux envoyés de Monseigneur de Grenoble ont fait de leur voyage à Rome la relation suivante :

RELATION DE M. GERIN.

« M. Rousselot et moi étions, le 18 juillet dernier, aux pieds de Sa Sainteté Pie IX, remettant entre ses mains, de la part de Monseigneur de Grenoble, les deux secrets des jeunes bergers de la Salette.

« Le Saint-Père, assis devant son bureau, s'est levé, après nous avoir donné sa main à baiser, ce qui est une faveur insigne. Allant dans l'embrasure de sa fenêtre, il oubliait presque qu'il était Pape, et disait : « Suis-je « obligé de garder ces secrets? — Très-Saint-Père, lui « ai-je dit, vous avez la clef de toutes choses. »

« Par quelques miettes seulement de ces secrets, qui sont arrivés jusqu'à nous, on croit que Maximien annonce *la miséricorde ou la réhabilitation de toutes choses*, et que Mélanie annonce *de grands châtiments*. Je savais que le secret de Maximin est le plus court. Le Saint-Père l'a lu le premier; il a fait l'éloge de la candeur, de la simplicité de cet enfant.

« A la lecture du second secret, de celui de Mélanie, la figure du Saint-Père n'a plus été la même, ses lèvres se sont fortement comprimées; ses joues se sont considérablement bombées; après cette lecture, le Saint-Père nous a regardés et a dit :

« Ce sont des flaux (pour fléaux) qui menacent la « France. Elle n'est pas seule coupable : l'Italie l'est bien

« aussi, l'Allemagne, la Suisse, l'Europe. Ce n'est pas « sans raison que l'Église est appelée militante. Vous en « voyez ici le capitaine ! J'ai moins à craindre de l'im- « piété déclarée que de l'indifférence religieuse et du « respect humain...

« Monsieur, a continué le Saint-Père, en s'adressant « à M. Rousselot, j'ai fait examiner votre livre (sur l'évé- « nement de la Salette) par Mgr Frattini, promoteur de « la foi ; il m'a dit que votre livre est bien, qu'il en est « content, que ce livre respire la vérité.

« Mgr Frattini, vu par M. Rousselot après cette indication lui a dit : « J'ai examiné *vos deux livres par ordre* « *de Sa Sainteté* (car les *Nouveaux documents*, publiés « en 1850, avaient été envoyés à Rome) ; *mon rapport* « *a été que vos deux livres sont revêtus des caractères* « *de la vérité.* — Monseigneur de Grenoble peut donc, « a dit M. Rousselot, faire bâtir une chapelle sur la « montagne de l'apparition, et publier un Mandement sur « l'apparition ? — *Affirmative quoad utrumque*, a dit « Mgr Frattini ; vous direz à Monseigneur de Grenoble « de faire bâtir une chapelle sur de vastes et belles « proportions, et d'y faire mettre autant d'*ex voto qu'il* « *y a de miracles relatés dans vos livres, et qu'il* « *y en aura qui se feront encore.* »

RELATION DE M. ROUSSELOT

« Le 18 juillet 1851, MM. Gerin et Rousselot remettaient à Sa Sainteté Pie IX, trois lettres : une de Monseigneur de Grenoble, qui accréditait ses deux envoyés, et les deux autres renfermant le secret des enfants de la Salette; chaque enfant avait écrit et cacheté la lettre contenant son secret, en présence de témoins qui avaient déclaré, sur l'enveloppe, que l'incluse était de main-propre.

« Sa Sainteté décacheta, en notre présence, les trois lettres, les lut, et commença par celle de Maximin, elle dit : *Il y a ici la simplicité et la candeur d'un enfant;* nous répondîmes que ces enfants sont de petits montagnards qui, depuis quelque temps, sont entrés dans des maisons d'éducation.

« Pour mieux lire les deux lettres, Sa Sainteté se leva et s'approcha d'une fenêtre dont elle ouvrit le volet. Nous la suivîmes. Après la lecture de la lettre de Mélanie, Sa Sainteté nous dit : « Il faut que je lise ces lettres « à tête reposée. » Pendant la lecture de cette dernière lettre, une certaine émotion se manifesta sur le visage du Saint-Père. Ses lèvres se contractèrent et ses joues se gonflèrent. Lecture faite, le Saint-Père nous dit : « Ce « sont des fléaux dont la France est menacée; elle n'est « pas seule coupable, l'Allemagne, l'Italie, toute l'Europe « est coupable et mérite des châtiments. J'ai moins à « craindre de l'impiété ouverte que de l'indifférence et du « respect humain... Ce n'est pas sans raison que « l'Église est appelé militante, et vous en voyez ici le « capitaine (en portant sa main droite sur sa poitrine). »

« Le lendemain, nous vîmes Son Exc. le cardinal Fornari, auquel je fis hommage de mes écrits sur la Salette, *le cardinal avait eu connaissance des faits pendant*

sa nonciature en France. Il nous dit qu'il lirait mon ouvrage avec plaisir. « Au reste, ajouta-t-il, *je suis effrayé*
« *de tels prodiges : nous avons dans la religion tout*
« *ce qu'il faut pour la conversion des pécheurs, et*
« *quand le ciel emploie de tels moyens, il faut que*
« *le mal soit grand.* »

« Le Pape nous ayant parlé de Mgr Frattini, je me hâtai d'arriver jusqu'à lui après le départ de M. Gerin. Dans une première visite, il me confirma ce qu'il avait dit Sa Sainteté, et me dit qu'il avait lu attentivement, comme c'était son devoir, mes livres, depuis la première ligne jusqu'à la dernière. »

FIN

LYON. — IMP. PITRAT AINÉ, RUE GENTIL, 4.

www.ingramcontent.com/pod-product-compliance
Ingram Content Group UK Ltd.
Pitfield, Milton Keynes, MK11 3LW, UK
UKHW012250240726
13966UKWH00004B/1358

9 782011 781833